1 История одной любви

Я познакомился с ними в один из августовских дней.
Я сидел около окна за пишущей машинкой... Дверь распаснулась.
– Можно?
Вошёл высокий молодой человек в ярко-красной рубашке, джинсах и кедах. На вид ему
5 было лет восемнадцать.
– Слушаю вас.
– Вы главный редактор?
Я подтвердил.
– Можно с вами поговорить?
10 Я пожал плечами: отчего бы и нет, пожалуйста.
– Одну секунду! – посетитель скрылся за дверью.
Я закурил новую сигарету... Наконец он появился снова, ведя за руку, словно ребёнка
через опасный перекрёсток, тоненькую девушку.
Она была одного возраста со своим спутником, в таких же, как он, джинсах и кедах...
15 – Проходите, садитесь, ребята! – пригласил я. – Слушаю вас.
– Мы ищем работу. Есть у вас вакансии?
Это было неожиданно. Оба не мигая смотрели на меня.
В некотором замешательстве я принялся раскуривать погасшую сигарету.
– Работу... у нас в редакции? А кто вы такие, ребята? Откуда вы?
20 – Сначала скажите: есть у вас вакансии? Если есть, мы расскажем о себе. А нет – уйдём.
– Ну-у... – протянул я, слегка ошеломлённый. – Это зависит от того, на что вы претендуете. У нас есть должности технические, есть творческие... Что вас интересует?
– Одна творческая, одна техническая... Катя хочет работать машинисткой. А я умею писать.
25 – Ну и ну! – покачал я головой. – Кто вас научил так устраиваться на работу?... Откуда вы, ребята?
– Из Москвы.
– Ого! И что вас сюда привело, если не секрет?
– Мы ищем работу, я сказал. В Москве мы учились.
30 – А, учились! Где?
– В школе, разумеется.
– Почему „разумеется"? Могли и в техникуме, и в училище. Десять классов закончили?
– Да.
– И что же... получили аттестаты – и сразу на самолёт? Вы извините, что я так рас-
35 спрашиваю... Я должен знать, что вы собой представляете.
– Понятно! – перебил он нетерпеливо. – Мы должны представиться. А вас как зовут?
– Меня зовут Борис Антонович. Фамилия Воронин.
– А мы Кротовы. Сергей и Катя. В институт мы не поступали. Нам было не до этого. Мы
поженились и решили работать.
40 – А сколько вам лет, я могу хотя бы узнать?
– Пожалуйста. Обоим тридцать четыре.
– Ага! Значит по семнадцать... Постойте, ребята! – вдруг осенило меня. – Как же так?
Вам по семнадцать, а вы...
– ...а мы женаты! – закончил Кротов мою мысль. – Всё правильно. Вы отстали от жиз-
45 ни. Сейчас и в шестнадцать регистрируют в исключительных случаях. Мы – исключение, понимаете?
– Ага!... Понятно... Акселерация...
Наступило молчание...
– Видите ли, в чём дело, – заговорил я, закуривая. – У всякой администрации существ-
50 вует правило: не покупать кота в мешке... Скажите, почему вы решили, что можете работать в редакции? Не слишком ли вы самоуверенны?

— А вы проверьте! Дайте мне задание. Любое. Репортаж, статью, корреспонденцию.
— Ого! Вы и с жанрами знакомы, — легко съязвил я. — Но этого недостаточно, чтобы работать в редакции.

Они поглядели друг на друга.
— Я пишу. Давно пишу. И хочу стать профессиональным литератором.

Мой явный скептицизм не остался незамеченным. Кротов сумрачно посмотрел на Катю, словно спрашивая ее: „Не пора ли кончать с этим типом?"

Я был огорчен. Он вдруг разочаровал меня. Внезапно мне стало тревожно за эту девушку, эту Катю, которая смотрела на него во все глаза.
— Стихи, вероятно, пишете?

Он презрительно отмахнулся: нет, — прозу, роман.

Я поинтересовался, кто его любимый писатель. Фолкнер! Уильям Фолкнер! Мы помолчали. Я прикидывал все „за" и „против".

— Послушайте, ребята, а почему вы именно сюда приехали?

Он открыл рот, но я его перебил и попросил ответить Катю:
— А то муж не дает вам слова сказать.

Она растерялась...
— Видите ли... мы купили карту Сибири, Сережа мне завязал глаза и попросил ткнуть пальцем. Я попала прямо сюда.

Я изумленно взглянул на Кротова: неужели это правда? Улыбаясь во весь рот, он подтвердил: самая настоящая!
— Кстати, — обратился я к девушке, — вы разбираетесь в музыке?

Вопросительно взглянув на мужа, она шепнула:
— Немножко...
— У нас свободна должность фонотекаря...

Кротов завопил:
— Соглашайся, Катька, соглашайся!
— Знаете... я, конечно, ... согласна.

Кротов повернулся ко мне с каким-то растерянным и счастливым видом.
— Вот спасибо!... А со мной как? Возьмете меня?
— Боюсь, что с вами ничего не получится. У нас есть вакансия корреспондента последних известий, но нужен опытный журналист.
— Ладно! Я не пропаду.

Он сказал, что, по его мнению, у меня нет редакторской интуиции, что я теряю редкий шанс... Его слова меня неприятно задели.
— Ну, вот что!.. Я дам вам задание. Если выполните его, возьму в штат с месячным испытательным сроком.

„Редкий шанс" нахмурил свои светлые брови:
— Это одолжение?

Тут уж я не сдержался...
— Черт возьми, это слишком! Послушайте, Катя, ваш муж — порядочный нахал.
— Вы не обижайтесь, пожалуйста. Сережа очень добрый. Просто он самолюбивый.
— Ладно... Завтра в девять ноль-ноль будьте здесь. Кстати, где вы остановились?

Можно было и не спрашивать: они нигде не остановились. Вещи в камере хранения аэропорта.

Я поднял телефонную трубку и с трудом уговорил знакомого администратора гостиницы найти им комнатушку. Кротовы горячо поблагодарили и двинулись к двери.

(753 слова)

А. Топболяк

(Из журнала „Спутник", 5/1976, с. 148—151.)

Пояснения к тексту

2 **распахну́ться** (сов.) aufgehen, sich öffnen – 10 **пожа́ть** (сов.) **плеча́ми** mit den Achseln zucken 11 – **скры́ться** (сов.) verschwinden – 12 **сло́вно** wie, gleichsam – 16 **вака́нсия** freie Stelle – 17 **мига́ть** (несов.) zwinkern, blinzeln – 18 **замеша́тельство** Verwirrung – 21 **протяну́ть** (сов.) hier: schleppend sagen – 21 **ошеломлённый** verdutzt – 21 **претендова́ть** (несов.) hier: Ambitionen haben – 22 **до́лжность** Stelle, Posten – 25 **покача́ть** (сов.) **голово́й** den Kopf schütteln – 31 **разуме́ется** ср. конечно – 36 **переби́ть** (сов.) hier: unterbrechen – 42 **осени́ть** (сов.) hier: ein Licht aufgehen – 45 **исключи́тельный слу́чай** Ausnahme(-fall) – 53 **съязви́ть** (сов.) spötteln – 57 **су́мрачно** finster – 59 **огорчи́ть** (сов.) betrüben – 59 **внеза́пно** ср. вдруг – 62 **презри́тельно** verächtlich – 62 **отмахну́ться** (сов.) abwinken – 64 **прики́дывать** (несов.) abwägen – 69 **завяза́ть** (сов.) zubinden – 69 **ткнуть** (сов.) **па́льцем** mit dem Finger auf etwas zeigen – 73 **разбира́ться** (несов.) sich auskennen – 84 **пропа́сть** (сов.) hier: umkommen – 87 взять в штат jem. anstellen – 90 **одолже́ние** Gefallen – 91 **сдержа́ться** (сов.) sich beherrschen – 92 **Чёрт возьми́!** Hol's der Teufel! – 92 **наха́л** Flegel

А. Задания к тексту

Ответьте на следующие вопросы.

1. Что вы узнали о молодой семье Кротовых?
2. Что не понравилось редактору в поведении Кротова?
3. Как вы думаете, почему Кротовы приехали в этот город на „краю света"?
4. Каковы отношения между молодыми супругами?
5. Как вы думаете, почему Кротовы относятся к „исключениям"?
6. Что в поведении молодых людей вас удивило или показалось вам странным?

Б. Задания по лексике и грамматике

1. Zeile 4: Вошёл молодой человек.
   Geben Sie die Aussage im Präsens wieder!
2. Zeile 4: человек в <u>ярко-красной рубашке</u>
   Ersetzen Sie in der gegebenen Konstruktion die unterstrichene Wortverbindung durch folgende Kombinationen: чёрные брюки, тренировочный костюм, тёмные очки, зимнее пальто.
3. Zeile 9: – Можно с вами поговорить?
   Geben Sie die Frage als indirekte Rede wieder! Beginnen Sie wie folgt: Кротов спросил редактора,
4. Zeile 24: <u>писать</u>
   Zeile 39: <u>поженились</u>
   Zeile 44: <u>правильно</u>
   Nennen Sie jeweils weitere Wörter ein und derselben Wortfamilie!
5. Zeile 15: садитесь
   Zeile 20: скажите
   Zeile 78: соглашайся
   Nennen Sie die entsprechenden Imperativformen des jeweiligen Aspektpartners!
6. (Катя сказала редактору:)
   Zeile 93: – Вы не обижайтесь.
   Geben Sie die Aufforderung als indirekte Rede wieder! Beginnen Sie wie folgt: Катя сказала редактору,
7. Zeile 82: У нас есть вакансия корреспондента известий, но нужен опытный журналист.
   Geben Sie die Aussage im Präteritum wieder!

В. Перевод

Переведите, что рассказывает автор повести о первых днях работы Кротова в редакции:

Когда они вошли в мой кабинет, пахнуло как будто парным молоком и свежими огурцами. Кротов был в модном джемпере, светлых брюках и сандалетах. Катя сменила джинсы на короткое зеленое платье. Я отправил Катю в студию. Мы остались вдвоем.

Полчаса я рассказывал ему о нашем округе, замкнутом в кольце тайги. Полярный круг пересекал его как раз посередине... Каждый новый человек в этих местах приметен, как высокое дерево, и душу его определяют, как возраст дерева, по внутренним кольцам. Он слушал как зачарованный...

Утром следующего дня Кротов принес готовую корреспонденцию, положил ее на мой стол и удалился. Через полчаса приказом за моей подписью он был зачислен в штат.

Его корреспонденция меня поразила. На четырех страницах он уместил настоящее, прошлое и будущее нашей геологоразведки, словно сам прошагал по глухомани с рюкзаком.

(127 слов)

Пояснения к тексту

1 **пахну́ть** (сов.) wehen, hier: riechen – 1 **парно́е молоко́** frischgemolkene Milch – 2 **джéмпер** Pullover – 4 **зáмкнутый** hier: eingeschlossen – 4 **кольцó** Ring – 5 **пересекáть** (несов.) durchqueren – 5 **примéтный** wird wahrgenommen, fällt auf – 7 **как зачарóванный** wie gebannt – 9 **удали́ться** (сов.) sich zurückziehen – 10 **порази́ть** (сов.) hier: überraschen – 11 **геологоразвéдка** geologische Erkundung – 11 **прошагáть** (сов.) durchschreiten – 11 **глухомáнь** (Waldes-)Dickicht

Г. Сочинение

Выберите одну из нижестоящих тем и изложите ваши мысли в письменной форме (120–150 слов).

1. „История одной любви"
   Напишите вашу версию конца этой истории.
2. Проблемы молодой семьи
   Как вы думаете, с чем связаны проблемы молодых людей в первые годы совместной семейной жизни?
3. Самостоятельная жизнь молодых людей
   В 17 лет жить отдельно от родителей, самому зарабатывать на жизнь, не имея определённой специальности, финансов, ..., а имея только голову, полную идей и иллюзий...
   С какими проблемами может быть связана самостоятельная жизнь молодых людей, и как их можно решить?

2 „Бурлаки на Волге"

Как рождается картина? Что предшествует тому радостному моменту, когда художник, взяв в руки кисти, остается наедине со своими замыслами?

Пройдем по следам одного замысла. Это путешествие приведет нас ко всемирно известной картине, одной из жемчужин Русского музея.

5 – А, Репин, я тебя давно ловлю! – воскликнул Константин Савицкий. – Поедем завтра на этюды по Неве!

Репин не хотел, но Савицкий уговорил его. Утром веселая молодая компания села на пароход... Когда пароход подошел к берегу, среди деревьев замелькали пестрые платья женщин, цветные зонтики, мундиры офицеров.

10 Но вдруг вдали, на берегу, возникло какое-то темное пятно, которое приближалось...

Репин обратился с вопросом к Савицкому. – Это бурлаки бечевой барку тянут. Какие типы! Сейчас подойдут поближе – увидишь.

Бородатые мужики тяжело ступали босыми ногами... Руки устало раскачивались в ритме шагов. Потные загорелые лица блестели на солнце.

15 Одежда давно превратилась в грязные лохмотья... Трудно было узнать в них одежду, ее первоначальный вид и цвет. Бурлаки двигались молча. Глаза смотрели тяжело, хмуро...

Бурлаки приближались к лестнице, по которой спускались к реке нарядно одетые молодые женщины и девушки. Бурлак, шедший первым, оглядел их с ног до головы, потом своей сильной черной рукой поднял бечеву, чтобы они могли пробежать вниз, и улыб-
20 нулся.

– Вот невероятная картина, никто не поверит! – воскликнул Репин. – Какой ужас, люди вместо скота впряжены! Неужели нельзя как-нибудь более прилично перевозить барки, ну хотя бы буксирными пароходами!

– Буксиры дороги, – объяснил Савицкий, – а главное, бурлаки и нагрузят баржу, и раз-
25 грузят ее на месте. А ты посмотрел бы, как в верховьях Волги бечевой тянут!

Увиденное на Неве взволновало Репина. Бурлаки не шли из головы. И вскоре Репин и несколько его друзей стояли на палубе волжского парохода...

Молодые художники жили в селе недалеко от Самары. С утра, после чая, четверо товарищей расходились кто куда, Репин бежал на берег к своим бурлакам. Художник с восторгом
30 смотрел особенно на одного – высокого, сильного, с большим умным лбом, красивой курчавой головой. Он стал уговаривать бурлака списать с него портрет.

– Чего с меня писать? – несколько обиженно сказал Канин (так звали этого бурлака).

Наконец, сговорились использовать для работы обеденное время, короткое время бурлацкого отдыха. Репин ликовал, что его герой не сходил в баню или подстригся для этого торжественного случая, как это часто случалось с „моделями". Канин позировал серьезно и терпеливо ждал перерыва для отдыха и курения.

Лето пролетело быстро. Репин вернулся в Петербург с багажом рисунков и эскизов. С увлечением принялся за большую картину. В мастерской на Васильевском острове возникали просторы Волги, пароходы, барки, и, конечно, бурлаки в своей бечеве. Среди бурлаков – Канин, широкоплечий могучий человек с уверенным взглядом спокойных глаз.

Труд художника завершился, и картина вступила в самостоятельную жизнь. Хотел ли Репин, создавая „Бурлаков", выразить свой гражданский протест? Трудно сказать. Вокруг картины Репина сразу же начались споры. Одни говорили: „Какая нелепая картина! Надо быть патриотичнее и не выставлять такое напоказ всей Европе!"

К счастью для искусства, в России всегда находились и другие, которые говорили: „Репин – реалист, значительный художник и мыслитель. Он – истинно большой талант..." Илья Ефимович Репин оправдал эти слова, подарив русскому искусству и другие шедевры.

(487 слов)

(Из: Ю. Алянский. Рассказы о Русском музее. Издательство „Искусство", Ленинград 1987, с. 142–151.)

Пояснения к тексту

бурла́к Treidler, Schiffszieher – 1 **предше́ствовать** (несов.) vorausgehen – 2 **кисть** Pinsel – 2 **наедине́** allein – 2 **за́мысел** Idee (eines Werkes) – 4 **жемчу́жина** Perle – 6 **этю́д** Studie, Skizze – 7 **уговори́ть** (сов.) überreden – 8 **замелька́ть** (сов.) zu flimmern beginnen – 9 **мунди́р** Uniform – 10 **пятно́** Fleck – 11 **бечева́** Zugseil, Treckseil – 13 **ступа́ть** (несов.) (auf)treten – 13 **босо́й** barfüßig, nackt – 13 **раска́чиваться** (несов.) hier: geschwenkt werden – 15 **преврати́ться** (сов.) sich verwandeln – 15 **лохмо́тья** Lumpen – 16 **хму́рый** finster, düster – 22 **неуже́ли** wirklich – 22 **прили́чный** anständig – 23 **букси́рный парохо́д** Schleppdampfer – 27 **па́луба** Deck – 29 **с восто́ргом** begeistert – 31 **курча́вый** kraushaarig, Locken – 34 **likова́ть** (несов.) jubeln – 34 **ба́ня** Sauna – 34 **подстри́чься** (сов.) sich das Haar schneiden lassen – 43 **неле́пый** unsinnig – 46 **и́стинный** wahrhaft, wirklich – 47 **шеде́вр** Meisterwerk

А. Задания к тексту

Ответьте на следующие вопросы.

1. Где была молодая компания, и что она там делала?
2. Что привело Репина в ужас?
3. Почему в прошлом веке в России существовал „рабский", невероятно тяжёлый труд бурлаков?
4. Чем занимались молодые художники в селе?
5. Канин был „хорошей моделью"? Почему?
6. Что можно увидеть на картине Репина „Бурлаки на Волге"?
7. Вокруг картины было много споров. Как вы думаете, что говорили защитники и противники этой картины?

Б. Задания по лексике и грамматике

1. Zeile 1: Как рождается картина?
   Geben Sie die Frage im Präteritum wieder!
2. Zeile 1: художник, <u>взяв</u> в руки кисти, остаётся наедине
   a) Bestimmen Sie die unterstrichene Wortform!
   b) Ersetzen Sie die gegebene Konstruktion durch eine synonyme syntaktische!
3. Zeile 33: обеденное время
   Zeile 40: широкоплеч<u>ий</u> человек
   Ersetzen Sie die gegebenen Wortverbindungen durch synonyme syntaktische Konstruktionen!

4. Zeile 13: <u>тяжело</u> ступали
   Zeile 19: <u>сильная</u> рука
   Zeile 33: <u>короткое</u> время
   Ersetzen Sie die unterstrichenen Wörter durch entsprechende Antonyme!
5. Zeile 18: Бурлак, <u>шедший</u> первым, оглядел их ...
   a) Bestimmen Sie die unterstrichene Wortform!
   b) Ersetzen Sie die gegebene Wortverbindung durch eine synonyme syntaktische Konstruktion!
6. Zeile 27: несколько (его) <u>друзей</u>
   Ersetzen Sie das unterstrichene Wort in der gegebenen Konstruktion durch folgende Wortverbindungen: молодые люди, русские художники, подруги, коллеги.
7. Zeile 41: Хотел ли Репин, <u>создавая</u> „Бурлаков", выразить ...
   a) Bestimmen Sie die unterstrichene Wortform!
   b) Ersetzen Sie die gegebene Wortform durch eine synonyme syntaktische Konstruktion!

В. Перевод

Переведите отрывок из биографии И. Е. Репина.

Илья Ефимович Репин (1844–1930) – один из величайших русских художников. Он родился в маленьком городке Чугуеве. Здесь он получил первые профессиональные навыки будущего живописца, сначала в местной школе военных топографов и чуть позже – у местных иконописцев. Страстное желание стать профессиональным художником привело девятнадцати-
5 *летнего юношу осенью 1863 года в Петербург.*
Поступив в Академию художеств, Репин одновременно становится одним из активных посетителей „четверговых вечеров" Артели художников, где с увлечением рисовали, читали новые книги и горячо спорили о целях и задачах искусства. Артель была организована выпускниками Академии, которые демонстративно выражали свой протест против устоявшихся
10 *канонов Академии. Позже членов Артели стали называть „передвижники". В год окончания Академии Репин пишет конкурсную программу на обязательный евангельский сюжет „Воскрешение дочери Иаира" (1871), и в это же время его полностью поглощает работа над картиной „Бурлаки на Волге" (1870–73), которая стала началом его духовной и творческой зрелости.*

(129 слов)

(Из: Г. С. Чурак. И. Репин. Живопись. Из собрания ГТГ. Издательство „Изобразительное Иккусство",
Москва 1987, с. 3–5.)

Пояснения к тексту

2 **навык** Fertigkeit – 3 **живописец** Maler – 3 **чуть** ср. немного – 8 **горячо** heiß, heftig – 8 **спорить** (несов.) sich streiten – 9 **устояться** (сов.) hier: veraltet sein – 10 **канон** Regel – 11 **обязательный** obligatorisch – 11 **воскресение** Auferstehung – 13 **духовный** geistig, seelisch – 14 **зрелость** Reife

Г. Сочинение

Выберите одно из нижестоящих заданий. Изложите ваши мысли в письменной форме (120–150 слов).

1. Напишите, что вы знаете о русской живописи.
2. Расскажите, какие мысли у вас вызывает картина Репина „Бурлаки на Волге".
3. Расскажите о вашем отношении к живописи или к изобразительному искусству вообще.
4. Опишите (другую) картину, которая вам особенно нравится. Аргументируйте свой выбор.

3   Новая Великая Гонка

Гонок на собачьих упряжках в мире проводится много. Самая известная из них – „Идитарод" на Аляске. Длина трассы 1688 километров, число участников – более 70. Американцы называют ее Последняя Великая Гонка.

По предложению редакции „Северные просторы" и Российского фонда народов Крайнего Севера, Сибири и Дальнего Востока было принято решение провести в 1991 году гонку „Берингия" по Камчатке и Чукотке. В качестве спонсоров согласился выступить ряд организаций. Артель „Камчатка" дала могучий вездеход, управление Камчатской авиации – вертолет. С гонкой шли врач и ветеринар, а также группа кинологов. 8 марта в Эссо был старт-пролог: скоростная и очень зрелищная гонка на 12 километров. Собралось десять упряжек. Восемь камчатских и две чукотских... Первый приз – надувная резиновая лодка – достался Павлу Лазареву, каюру из поселка Карага на Камчатке.

9 марта, после веселого праздника, упряжки рванулись на север, к Чукотке... Труден маршрут гонки. Сопки, глубокие снега, реки. Кажется, предусмотрели все. На трассах – вешки. Сверху – вертолет, внизу – вездеход и снегоход „Буран". Из каждого населенного пункта днем и ночью на „Буранах", а то и просто на лыжах, местные жители выезжали встречать упряжки. Но именно на первом этапе стадо оленей прошло по трассе, затоптав ее, да еще поднялась пурга, и ушедший вперед Радивилов сбился с пути, ушел черт-те куда!

Мы провели сумасшедшую ночь. Ждали Радивилова. Курили до тошноты, топтали снег вокруг костра. Только утром Радивилов явился живой и невредимый. Он переночевал в стойбище у оленеводов.

Первый этап выиграл Александр Петров из Паланы. За ним – Павел Лазарев. Карагинский каюр опытен, хотя и молод, спокоен и уверен. Свой седьмой номер он считает счастливым. И собаки Павла, кажется, похожи на него характером. Вообще собаки – главные действующие лица „Берингии". К ним приковано все внимание каюров. В каждой упряжке от 8 до 15 голов. Если собака уставала или заболевала, она могла ехать на нартах или оставаться на контрольном пункте. Таких собак, вместе с помощниками каюров, забирал вертолет или вездеход. Самая главная травма – сбитые лапы. Каждый гонщик припас по два комплекта чулочек для своих собак... Но главное – режим гонки был щадящим. Мы ориентировались в основном по самочувствию собак. Давали старт на каждом этапе после того, как собаки полноценно отдохнули. И на финише собаки резво добирались до места, да еще переругивались на ходу с местными Пиратами и Шариками, а уж потом заваливались в сон почти на сутки возле лыжной базы, где после бани отдыхали и каюры...

На последнем этапе Слаутное – Марково стартовали шесть упряжек. Остальные не выдержали и уже отдыхали дома. Радивилов выиграл и этот этап, первым ворвался в празднично разукрашенное Марково, где в этот день отменили даже занятия в школе. Но по сумме этапов он все-таки был вторым. А первым стал Павел Лазарев. Последние упряжки пришли в два часа ночи 5 апреля. Снова осветилась фальшфейерами площадь, и десятки марковчан, терпеливо ждавших конца гонки, проводили спортсменов и собак на отдых. А через полчаса небо Маркова осветило могучее северное сияние...

На следующий день после того, как подвели итоги соревнований, все подсчитали – выяснилось, что гонщики прошли путь длинной в 1980 километров.

– Да мы же „Идитарод" перекрыли! – ахнул кто-то.

Начали считать заново. Да, отныне „Берингия" – самая длинная трасса в мире. Обсуждая результаты гонки, мы говорили о ней, как о хорошем стимуле развития на Севере и туризма, и национальных промыслов, и ездового собаководства. Это – экологически чистый, традиционный, экзотический вид транспорта. И приносящий доход. Хорошая, обученная ездовая собака стоит свыше 10 тысяч долларов. Мы верим, что Новая Великая Гонка – „Берингия" – станет ежегодной.

(548 слов)

(Из: Д. Ледовской. Новая Великая Гонка. Из журнала „Вокруг света", 1/1992, с. 12–14.)

Пояснения к тексту

гóнка (Wett-)Rennen – 1 **упря́жка** Gespann – 4 **простóр** Weite (weiter Raum) – 8 **Э́ссо** маленький город на Камчатке – 12 **рвану́ться** (сов.) losstürmen – 13 **сóпка** ср. гора – 14 **вéшка** Markierung, Absteckmarke – 14 **вездехóд** Geländefahrzeug – 16 **стáдо** Herde – 16 **олéнь** Rentier – 17 **пургá** Schneesturm – 17 **сби́ться с пути́** (сов.) sich verirren – 17 **чёрт** Teufel – 20 **невреди́мый** unverletzt – 21 **стóйбище** Nomadensiedlung – 28 **трáвма** Verletzung, Trauma – 28 **сби́тый** wundgelaufen, -gescheuert – 28 **лáпа** Pfote – 29 **щадя́щий** hier: maßvoll – 32 **переру́гиваться** (несов.) sich kampeln, balgen – 32 **Пирáт/Шáрик** häufige Hundenamen – 32 **завáливаться в сон** (несов.) in den Schlaf fallen – 34 **Мáрково** маленький город на Крайнем Севере – 40 **сéверное сия́ние** Nordlicht

A. Задания к тексту

Ответьте на следующие вопросы.

1. Почему статья называется „Новая Великая Гонка"?
2. Кто участвовал в гонке „Берингия"?
3. Как проходила эта гонка?
4. Что свидетельствует о том, что о собаках очень хорошо заботились?
5. Как жители Маркова подготовились к встрече каюров и их упряжек?
6. Почему эта гонка была важна для районов Крайнего Севера и Дальнего Востока?

Б. Задания по лексике и грамматике

1. Zeile 2: более 70
   Zeile 5: в 1991 году
   Zeile 8: 8 марта был ...
   Schreiben Sie die Zahlen aus!
2. Zeile 16: на <u>первом</u> этапе
   Zeile 44: самая <u>длинная</u> трасса
   Ersetzen Sie in den gegebenen Wortverbindungen die unterstrichenen Wörter jeweils durch ein Antonym!
3. Zeile 19: Мы провели сумасшедшую ночь ...
   Geben Sie die Ausage im Präsens wieder!

4. Zeile 23: Каюр опытен, хотя и молод, спокоен и уверен.
   a) Bestimmen Sie die unterstrichenen Wortformen!
   b) Nennen Sie die entsprechenden Pluralformen: Каюры ...
5. Zeile 36: по сумме этапов
   Ersetzen Sie in der gegebenen Wortverbindung das unterstrichene Wort durch folgende Wörter: медаль, очко, данные.
6. Zeile 38: Марковчане, терпеливо ждавшие конца гонки, проводили ...
   a) Bestimmen Sie die unterstrichene Wortform
   b) Ersetzen Sie die gegebene Wortverbindung durch eine synonyme syntaktische Konstruktion!
7. Zeile 47: доход
   Zeile 47: обученная
   Zeile 47: ездовая
   Nennen Sie zu jedem Beispiel weitere Wörter ein und derselben Wortfamilie!

В. Перевод

Переведите текст о „Кругосветке на велосипеде".

10 августа 1913 года в Харбине состоялся финиш кругосветного путешествия, совершенного спортсменом О. П. Панкратовым. Путешествие длилось 2 года и 18 дней. Онисим Панкратов выбрал не кратчайший, а очень сложный и трудный маршрут, охватывающий почти все страны Европы.

5 Выехав из Харбина в июле 1911 года, отважный велосипедист прибыл в конце ноября в Петербург. Отсюда его путь лежал через Кенигсберг, Швейцарию, Италию, Сербию, Турцию, Грецию, снова Турцию, Италию, Францию, южную Испанию, Португалию, северную Испанию и опять через Францию. Переправившись пароходом через Па-де-Кале, Панкратов пересек на велосипеде всю Англию. Затем, приплыв в Америку, он снова сел на велосипед и
10 пересек американский континент по маршруту Нью-Йорк – Чикаго – Сан-Франциско. Оттуда – пароходом в Японию. Проехав на велосипеде Японию, а затем весь Китай, путешественник достиг начального пункта своего грандиозного маршрута – Харбина. Всего было пройдено на велосипеде свыше 30 тысяч километров.

(131 слово)

(Из книги „Диво-90. Чудеса. Рекорды. Достижения". Издана при содействии рекламно-издательского агентства „РИПОЛ" и МИА „Рекламэкспорт" 1991, с. 45 и след.)

Пояснения к тексту

3 **охва́тывать** (несов.) einschließen – 5 **отва́жный** kühn, mutig – 8 **перепра́виться** (сов.) (ein-) überfahren, übersetzen – 8 **Па-де-Кале́** Pas de Calais (engste Stelle des Kanals)

Г. Сочинение

Выберите одно из нижестоящих заданий и изложите ваши мысли в письменной форме (120–150 слов).

1. Гонка „Берингия" была не только спортивным соревнованием, но и послужила рекламой для Крайнего Севера.
   Напишите, что вы знаете о жизни на Крайнем Севере.
2. Напишите о структуре экономики, торговой сети и культурной жизни вашей федеральной земли, вашего края или города.

4 Бесценный друг

Перед нами тысячи писем Чайковского. В полном собрании сочинений композитора им отведено 14 томов! Петр Ильич писал порой по 15–18 писем в день! Основными корреспондентами Чайков-
⁵ ского были его духовные единомышленники. По численности полученных от композитора писем лидирует Надежда Филаретовна фон Мекк. В период с 1876 по 1890 год он написал ей 760 раз! Отношения Чайковского к этой женщине, с кото-
¹⁰ рой он практически никогда не виделся, являются в русской художественной истории одними из самых загадочных. Почему он так настойчиво избегал встреч с человеком, от которого на протяжении долгих лет получал щедрую материальную поддержку? Почему фон Мекк мирилась с этой ситуацией? И такой неожиданный финал – в никуда и в никогда... Разрыв без объяснений...

¹⁵ Надежда Филаретовна фон Мекк была крайне близорука, однако разглядела, что через три кресла от нее сидит сам Чайковский, музыку которого она боготворила. Ей показалось, будто он посмотрел на нее с любопытством. Она сидела в кресле, с трудом подавляя волнение, возникшее от близости обожаемого ею человека.
„Ему всего тридцать шесть, он красив, полон сил и энергии, а я уже почти старуха, – думала
²⁰ Надежда Филаретовна по дороге домой... – Однако ж, мне кажется, я бы могла сделать для него кое-что как друг..."
Отныне ее интересовало буквально все, касавшееся Чайковского: где он находится в данный момент, с кем дружит, что пишет, какие читает книги... Она часто разговаривала о своем кумире с Николаем Рубинштейном, который участвовал в устраиваемых в ее доме музы-
²⁵ кальных вечерах, с Иосифом Котеком, учеником Чайковского... От них она узнала, что композитор постоянно испытывал сильные материальные затруднения. Через общих знакомых она просила его сделать аранжировки простеньких вещичек для домашнего музыцирования, щедро оплачивая эту нехитрую работу.
Петр Ильич, понявший со слов Котека, что в доме фон Мекк царит культ его музыки, был
³⁰ очень тронут и в свою очередь просил Котека рассказать ему об этой, как ему казалось, удивительной женщине. Надежда Филаретовна недавно овдовела, была сказочно богата, имела 11 детей, выезжала только в театры и на концерты, неплохо играла на фортепьяно.
Петр Ильич с благодарностью принял ее дружбу и ту материальную поддержку, которая наконец-то дала ему возможность покончить с преподаванием в консерватории, на которое
³⁵ уходило много времени и сил, и целиком отдаться творчеству.
„Вы тот человек, которого я люблю всеми силами, потому что я не встречал в жизни еще ни одной души, которая бы так, как Ваша, была мне близка, которая бы так чутко отзывалась на всякую мою мысль, всякое биение моего сердца."
Так писал Чайковский своему „бесценному другу" в одном из писем. Оба договорились
⁴⁰ никогда не встречаться, и оба ревностно оберегали этот уговор. Однажды по желанию фон Мекк они оказались в одно и тоже время во Флоренции, даже жили напротив... Письмами обменивались по несколько раз в день. Каждое утро начиналось с того, что Надежда Филаретовна со своей свитой проходила под окнами Чайковского. Ему казалось, что она специально замедляет шаги – в надежде увидеть его. Это слегка раздражало его, однако
⁴⁵ „милые умные письма" все больше и больше располагали композитора к этой, по его словам, „непостижимой" женщине.

Их переписка продолжалась тринадцать лет... Петра Ильича Чайковского ждали новые творческие триумфы в России и за ее пределами, однако ничто не могло заглушить светлые воспоминания об удивительной, почти идеальной дружбе одиноких, но по-своему счастливых
50 людей.

(518 слов)

(Из: Н. Калинина. П. И. Чайковский. Повесть. Издательство „Детская литература", Москва 1988, с. 43–45.)

Пояснения к тексту

бесце́нный wertvoll, unschätzbar – 15 **близору́кий** kurzsichtig – 16 **боготвори́ть** (несов.) vergöttern – 17 **любопы́тство** Neugier – 17 **подави́ть** (сов.) unterdrücken – 18 **обожа́ть** (несов.) schwärmen, anbeten – 24 **куми́р** Abgott – 26 **испы́тывать** (несов.) erleben, erleiden – 27 **аранжиро́вка** Bearbeitung (eines Musikstücks) – 28 **ще́дро** freigiebig, großzügig – 28 **нехи́трый** ср. несложный – 30 **тро́нуть** (сов.) gerührt werden – 30 **в свою́ о́чередь** seinerseits – 31 **овдове́ть** (сов.) verwitwen – 35 **уходи́ть** hier: beanspruchen – 35 **отда́ться** (сов.) sich hingeben – 37 **душа́** (Menschen-)Seele – 37 **чу́тко** feinfühlig – 37 **отзыва́ться** (несов.) antworten, erwidern – 38 **вся́кий** jeder – 38 **бие́ние** Schlag – 40 **ре́вностно** hier: eifrig, beflissen – 40 **обере́гать** (несов.) behüten, bewahren – 40 **угово́р** ср. договор – 43 **сви́та** Gefolge – 45 **располага́ть** (несов.) hier: jemanden geneigt machen – 46 **непостижи́мый** unbegreiflich, unfaßbar

А. Задания к тексту

Ответьте на следующие вопросы.

1. Что вы узнали из рассказа о чувствах, которые испытывали фон Мекк и Чайковский друг к другу?
2. Почему фон Мекк просила Чайковского сделать для неё аранжировки?
3. Почему Чайковский был рад материальной поддержке Надежды Филаретовны?
4. О чём писал ей Чайковский в своих письмах?
5. Как вы думаете, почему они договорились никогда не встречаться?
6. Как вы думаете, почему автор назвал этот рассказ „Бесценный друг"?

Б. Задания по лексике и грамматике

1. Zeile 19: Ему всего тридцать шесть.
   Geben Sie die Aussage im Präteritum wieder!
2. Zeile 29: Пётр Ильич, поня́вший..., был тронут...
   a) Bestimmen Sie die unterstrichene Wortform!
   b) Ersetzen Sie die gegebene Wortverbindung durch eine synonyme syntaktische Konstruktion!
3. Zeile 39: в одном из писем
   Ersetzen Sie das unterstrichene Wort durch folgende Wörter: произведения, книги, научные труды
4. Zeile 17: с трудом подавляя
   Zeile 31: была богата
   Zeile 45: умные письма
   Ersetzen Sie in den gegebenen Wortverbindungen die unterstrichenen Wörter durch jeweils ein Antonym!
5. Zeile 35: много времени
   Ersetzen Sie in der gegebenen Wortverbindung das unterstrichene Wort durch folgende Wörter und Wortverbindungen: деньги, счастье, хорошие друзья, интересные дела.
6. Zeile 41: письмами обменивались
   Ersetzen Sie in der gegebenen Konstruktion das unterstrichene Wort durch folgende Wörter: опыт, адреса, мнения, визитные карточки.
7. Zeile 45: всё больше
   a) Bestimmen Sie die unterstrichene Wortform!
   b) Bilden Sie die gleiche Form von folgenden Wörtern: часто, хорошо, далеко, высоко, близко, плохо.

В. Перевод

Переведите первое письмо Петра Ильича Чайковского к Надежде Филаретовне фон Мекк от 18 или 19 декабря 1876 года и отрывок из другого его письма, в котором он пишет о роли славы в жизни композитора.

„Милостивая Государыня! Надежда Филаретовна!
Искренно Вам благодарен за все любезное и лестное, что Вы изволите мне писать. Со своей стороны я скажу, что для музыканта среди неудач и всякого рода препятствий утешительно узнать, что есть небольшое меньшинство людей, к которому принадлежите и Вы, так искренно и тепло любящее наше искусство.
Искренно Вам преданный и уважающий

П. И. Чайковский"

„Слава! Какие противоположные чувства она заставляет переживать меня! С одной стороны я ее желаю, я к ней стремлюсь, добиваюсь ее, – с другой она мне ненавистна. Если весь смысл моей жизни заключается в моем авторстве, – то я не могу не желать славы.
Я желал бы всеми силами души, чтобы музыка моя распространялась, чтобы увеличивалось число людей, любящих ее, находящих в ней утешение и подпору. В этом смысле я не только люблю славу, но она составляет цель всей серьезной стороны моей деятельности."

(136 слов)

(Из: Г. И. Белонович, С. С. Котомина. Чайковский 1840–1893. Том И. Издательство „Музыка", Москва 1989, с. 74 и 168.)

Пояснения к тексту

1 **ми́лостивая госуда́рыня** gnädige Frau (Anrede) – 2 **ле́стный** schmeichelhaft – 4 **род** hier: Art – 4 **препя́тствие** Hemmnis, Hindernis – 4 **утеши́тельно** tröstlich, trostreich – 9 **заставля́ть** (несов.) zwingen – 10 **стреми́ться** (несов.) streben – 10 **добива́ться** (несов.) erlangen, erreichen – 14 **утеше́ние** Trost – 15 **подпо́ра** Unterstützung

Г. Сочинение

Выберите одну из нижестоящих тем и изложите ваши мысли в письменной форме (120–150 слов).

1. Великий композитор
   Что вы знаете о жизни и творчестве П. И. Чайковского или какого-нибудь другого великого композитора?
2. Музыка в нашей жизни
   Расскажите о вашем отношении к музыке (например, о ваших музыкальных интересах и занятиях, о роли музыки в вашей семье или об уроках музыки в школе).

5 Царские игры

Шашки и шахматы являются воистину царской игрой.

В шахматы играл еще царь Иван Грозный.

Из дома Романовых первым шахматистом был царь Алексей Михайлович. По примеру западных королей играющий с ним стоял на коленях на подушке, а царь сидел в кресле; перед ним на малом столике лежала доска с шахматными фигурами из слоновой кости. Царь любил играть и в шашки, причем был таким же хорошим игроком, как и в шахматы.

Игрою в шахматы увлекался и Петр Великий. В юные годы хитрой восточной игре его обучали немцы, и с той поры Петр наиболее любил развлечение за шахматной доской. Отправившись в Голландию учиться кораблестроению, Петр проводил досуги с кружкой пива и трубкою за шахматной доской. Все сподвижники Петра должны были выучиться этой игре. Приглашая к себе в гости шкиперов иностранных судов, он угощал их, а потом усаживался с ними за шахматы. По отзывам иностранцев он считался сильнейшим из игроков того времени.

Ни Екатерина I, ни юный Петр II, ни Анна, ни Елизавета этой игры не знали. Екатерина II была с ней знакома и даже иногда играла в шахматы, но никогда не увлекалась ею.

Несомненно, что все последующие цари знали эту игру, но ни одного она не занимала особенно.

При Петре Великом в числе царских игр впервые появился бильярд, привезенный в Петербург из Франции. Первый бильярд был поставлен во дворце, и Петр первое время увлекался этой игрой. Скоро на бильярде выучились играть все придворные. Игра понравилась всем. Бильярды были выписаны сперва вельможами, а затем и содержателями ресторанов.

Любила эту игру и Елизавета, а Екатерина II ежедневно играла одну-две партии. В то время бильярды были без луз, и на них играли в два и три шара (карамболь): нужно было попасть по шару противника своим шаром, ударив его сначала в один или два борта. При императоре Николае Павловиче впервые появились у бильярда 6 луз и так называемая „русская партия" в пять шаров. Немного спустя стали играть и в 15 шаров, в „пирамиду".

Карточная игра известна нам еще в XVII веке. При царе Алексее Михайловиче она была приравнена к „зерни", и картежникам указано было рубить пальцы.

Первая ввела карточную игру при дворе императрица Анна Иоанновна. Карты привозились исключительно из-за границы и стоили очень дорого. Названия мастей были переведены на

русский язык, фигуры же сохраняли иностранные названия. Пиковый король назывался –
35 Генрих или Барбарос, бубновый – Август или Франциск, червонная дама – Елизавета,
трефовая – Клотильда... Что касается валетов, то сначала и они назывались по именам:
Роман, Франц, Шарль...

При Екатерине II карты начали печатать и в Петербурге. В 1774 году она подала мысль
обложить карты налогом и доход с них брать в пользу Воспитательного дома. С тех пор
40 карты стали клеймиться. На русских картах ставилось клеймо в виде сирены, а на заграничных в виде дуги с рыболовным крючком. Клеймо ставилось на червонном тузе.

При Екатерине II появилось на короткое время и лото. Но она нашла игру монотонной
и скучной.

(470 слов)

(Из: А. Е. Зарин. Царские развлечения и забавы за 300 лет. Издательство Международного фонда
истории науки. Ленинград 1991, с. 49–52.)

Пояснения к тексту

1 **шашки** Damespiel – 1 **воистину** wirklich, wahrhaft – 5 **слоновая кость** Elfenbein – 9 **развлечение** Unterhaltung, Zerstreuung – 10 **досуг** Mußestunden, Freizeit – 10 **кружка** Krug, Seidel – 11 **трубка** Pfeife – 11 **сподвижник** Mitstreiter – 12 **шкипер** ср. капитан – 12 **угощать** bewirten – 13 **по отзывам** nach Aussagen – 17 **последующие** ср. следующие – 22 **выписать** (сов.) ср. заказать – 22 **вельможа** Würdenträger – 22 **содержатель** Inhaber – 25 **луза** Billardloch – 26 **попасть** (сов.) hier: treffen – 26 **ударить** (сов.) anstoßen – 31 **зернь** altertümliches Würfelspiel – 35 **червонный** Herz- (im Kartenspiel) – 36 **трефовый** Kreuz- (im Kartenspiel) – 36 **валет** Bube (im Kartenspiel) – 40 **клеймиться** (несов.) gestempelt werden – 41 **крючок** Haken – 41 **туз** As (im Kartenspiel)

А. Задания к тексту

Ответьте на следующие вопросы.

1. Какими играми увлекался царь Пётр I и почему?
2. Откуда шахматы и другие игры пришли в Россию?
3. Почему раньше во многие игры могли играть только вельможи и придворные?
4. В чём причина того, что в начале 17 века люди боялись играть в карты?
5. Как вы думаете, почему названия мастей были переведены на русский язык, а фигуры сохранили свои названия?
6. Как вы думаете, имело ли смысл облагать карты налогом? Аргументируйте своё мнение.

Б. Задания по лексике и грамматике

1. Zeile 4: играющий с ним
   a) Bestimmen Sie die unterstrichene Wortform!
   b) Ersetzen Sie die gegebene Wortverbindung durch eine synonyme syntaktische Konstruktion!
2. Zeile 6: был хорошим игроком
   Zeile 33: стоили очень дорого
   Zeile 42: нашла игру скучной
   Ersetzen Sie die unterstrichenen Wörter in den gegebenen Konstruktionen durch die entsprechenden Antonyme!
3. Zeile 10: Отправившись в Голландию..., Пётр проводил досуги...
   a) Bestimmen Sie die unterstrichene Wortform!
   b) Ersetzen Sie das unterstrichene Wort durch eine synonyme syntaktische Konstruktion!
4. Zeile 17: ни одного она не занимала...
   Formen Sie die verneinte Aussage in eine bejahende um!

5. Zeile 20: бильярд был поставлен во дворце
   a) Bestimmen Sie die unterstrichene Wortform!
   b) Ersetzen Sie die gegebene Wortverbindung durch eine synonyme syntaktische Konstruktion!
6. Zeile 32: Карты привозились из-за границы.
   Nennen Sie zu der unterstrichenen Wortverbindung eine synonyme Konstruktion!
7. Zeile 36: Что касается валетов
   Ersetzen Sie das unterstrichene Wort in der gegebenen Konstruktion durch folgende Wortverbindungen: мои развлечения, свободное время, любимая игра.

В. Перевод

Переведите абзацы текста со строки 8 (начиная с „Игрою в шахматы") до строки 16 (кончая „... не увлекалась ею").

Г. Сочинение

Выберите одну из нижестоящих тем и изложите ваши мысли в письменной форме (120–150 слов).

1. Наши увлечения
   Многие вещи доставляют людям удовольствие: музыка, спорт, чтение, игры... Расскажите о том, чем вы увлекаетесь и почему.
2. Компьютер и свободное время
   В наше время большую часть свободного времени многие молодые люди проводят у монитора компьютера. Есть защитники и противники компьютера. Аргументируйте доводы тех и других о положительном или отрицательном влиянии компьютера на физическое, умственное и эмоциональное развитие человека.

6 „Пчелы и люди"

Колхозники решили устроить у себя пчеловодство. А кругом никто пчеловодством не занимался. И колхозникам надо было устраивать все заново...

Среди колхозников находился один прекрасный человек, некто Иван Панфилыч, немолодой мужчина лет семидесяти двух. Он в молодые годы занимался пчеловодством. Вот он говорит:

– Для того, чтобы в этом году чай пить с медом, надо поехать куда-нибудь туда, где есть пчеловодство, и там у них надо купить то, о чем мы мечтаем.

И вот дали Ивану Панфиловичу деньги и послали его в город Тамбов. Там ему говорят:

– Вы правильно сделали, что приехали к нам. У нас три деревни переселились на Дальний Восток. Осталось лишнее пчеловодство... Только как вы этих пчел повезете... Товар, можно сказать, крылатый...

– Как-нибудь я их перевезу.

И вот Панфилыч привез на станцию шестнадцать ульев.

На станции он схлопотал открытую платформу. Поставил на эту платформу свои ульи и покрыл их брезентом.

И вот вскоре товарный поезд тронулся...

Панфилыч торжественно стоял на платформе и беседовал с пчелами.

– Ничего, ребятки,... маленько потерпите в темноте, а там я вас снова к цветам пущу...

И вот поезд едет день. И другой день он едет.

На третий день Панфилыч стал немного волноваться. Поезд идет медленно. На каждой станции останавливается. Подолгу стоит...

На станции Поля Панфилыч сошел со своей платформы и обратился к начальнику станции.

– Скажите, уважаемый, долго ли будем стоять на вашей станции?

– Право, не знаю, может быть, и до вечера постоим.

– Если до вечера, то я выпущу своих пчелок на ваши поля... Третий день под брезентом сидят. Проголодались. Не пьют, не кушают...

Начальник говорит:

– Поступайте, как хотите! Какое мне дело до ваших крылатых пассажиров! У меня и без того дел хватает.

А погода была великолепная. Небо голубое. Кругом поля. Цветы растут.

Вот Панфилыч снял брезент с платформы. И тотчас целая армия пчел поднялась к небесам... Пассажиры обступили платформу. И Панфилыч, стоя на платформе, произнес им лекцию о пользе пчел.

Но во время лекции на станцию вышел начальник и стал давать сигналы машинисту, чтоб тот тронулся в путь.

Панфилыч прямо ахнул, когда увидел эти сигналы...

– Уважаемый, не отправляйте поезд! У меня все пчелы в разгоне!

Начальник станции говорит:

– А вы им свисните, чтоб они скорей обратно садились. Более трех минут я не могу поезд задерживать.

Панфилыч говорит:

– Умоляю, задержите поезд до заката солнца! На закате солнца пчелы вернутся на свои места. В крайнем случае отцепите мою платформу! Я без пчел не могу уехать. Не отнеситесь равнодушно к такой беде!

Начальник станции говорит:

– У нас не пчелиный курорт, а железная дорога.

И тут он снова дает сигнал машинисту. И поезд трогается. Панфилыч, бледный, как полотно, стоит на платформе...

А поезд идет...

Начальник вернулся на станцию и приступил к работе... И вдруг он слышит, что на станции происходит какой-то шум.

Он открывает окно и видит, что целая туча пчел носится вокруг станции. Естественно, они ищут свою платформу. А платформы нет. Она уехала. Вот они и бросаются на людей... Только начальник хотел отойти от окна, чтобы выйти на станцию, как вдруг в окно влетело множество пчел... Две укусили его в шею. Третья – в ухо. Четвертая – в лоб...
Вскоре прибегает его помощник и говорит:
– Кроме вас, пчелы укусили в щеку дежурного телеграфиста. И он теперь отказывается работать.
Начальник станции, лежа на диване, говорит:
– Ай, что же делать?... Надо скорей вернуть платформу с этим сумасшедшим пчеловодом.
Он стал звонить по телефону. Со следующей станции ему ответили:
– Ладно. Платформу сейчас отцепим. Но только у нас нет паровоза...
– Паровоз мы пришлем. Отцепляйте платформу поскорей!
И вот вскоре платформа была доставлена...
Панфилыч приказал поставить платформу на то самое место, где она стояла. И пчелы, увидев эту платформу, моментально подлетели к ней...
Начальник продолжал лежать на диване. Он охал и стонал. Но он еще больше застонал, когда Панфилыч вошел в комнату.
– Я очень сожалею, уважаемый, что мои пчелы вас укусили. Но в этом вы сами виноваты. Нельзя столь равнодушно относиться к делам, независимо от того, большие они или маленькие. Пчелы абсолютно не переносят бюрократизма и равнодушия к их судьбе. Вы же с ними поступили так, как, вероятно, поступаете с людьми, – и вот вам расплата...
На другой день к вечеру наш славный Панфилыч прибыл со своим живым товаром к месту назначения.

(677 слов)   Михаил Зощенко

(Из: М. Зощенко. Избранное. Издательство „Картя Молдовеняскэ", Кишинев 1990, с. 144–148.)

Пояснения к тексту

пчела́ Biene – 1 **устро́ить** (сов.) ср. организовать – 6 **мёд** Honig – 10 **това́р** Ware – 11 **крыла́тый** geflügelt – 13 **у́лей** Bienenstock – 14 **схлопота́ть** (сов.) sich bemühen – 14 **платфо́рма** Güterwagen (Plattform) – 15 **брезе́нт** Zeltplane – 18 **потерпе́ть** (сов.) leiden, ertragen – 18 **пусти́ть** (сов.) hier: freilassen – 24 **пра́во** hier: wirklich – 35 **тро́нуться** (сов.) sich in Bewegung setzen – 36 **а́хнуть** (сов.) stöhnen, ächzen – 37 **разго́н** hier: Ausflug – 39 **сви́стнуть** (сов.) pfeifen – 42 **умоля́ть** (несов.) anflehen, beschwören – 42 **задержа́ть** (сов.) aufhalten, zurückhalten – 42 **зака́т со́лнца** Sonnenuntergang – 43 **отцепи́ть** (сов.) abhängen, abkuppeln – 52 **ту́ча** Wolke – 52 **носи́ться** (несов.) (herum-)fliegen – 55 **укуси́ть** (сов.) beißen, stechen – 60 **сумасше́дший** verrückt – 62 **парово́з** Dampflok – 67 **о́хать** (несов.) seufzen, stöhnen – 72 **распла́та** Abrechnung, Vergeltung

A. Задания к тексту

Ответьте на следующие вопросы.

1. Что вы узнали об Иване Панфилыче?
2. Правильно ли сделал Панфилыч, выпустив пчёл из ульев? Обоснуйте ваше мнение.
3. Как вы оцениваете решение начальника станции отправить поезд без пчёл?
4. Почему пчёлы укусили начальника станции?
5. Панфилыч прочитал на станции пассажирам лекцию о пользе пчёл. Как вы думаете, что он им рассказал?
6. Расскажите эту историю с точки зрения пчёл.

Б. Задания по лексике и грамматике

1. Zeile 20 : Поезд идёт медленно.
   Zeile 52: Он открывает окно.
   Zeile 62: У нас нет паровоза.
   Formulieren Sie jeweils eine entsprechende antonyme Aussage! Geben Sie diese im Präteritum wieder!
2. Zeile 14: открытую платформу
   Zeile 30: Погода была великолепная.
   Zeile 54: отойти от окна
   Nennen Sie zu den unterstrichenen Wörtern jeweils ein Antonym!
3. Zeile 32: Панфилыч, стоя на платформе, произнёс лекцию . . .
   a) Bestimmen Sie die unterstrichene Wortform!
   b) Ersetzen Sie die gegebene Konstruktion durch eine synonyme syntaktische!
4. Zeile 39: более трёх минут
   Ersetzen Sie das unterstrichene Wort durch folgende Numeralia: одна, пять, сорок.
5. Zeile 43: без пчёл я не могу уехать
   Ersetzen Sie in der gegebenen Konstruktion das unterstrichene Wort durch folgende Wörter: животные, дети, дочь, подарки, вы.
6. Zeile 65: пчёлы, увидев эту платформу, подлетели к ней . . .
   a) Bestimmen Sie die unterstrichene Wortform!
   b) Ersetzen Sie die gegebene Konstruktion durch eine synonyme syntaktische!
7. Zeile 70: равнодушно относиться к делам
   Ersetzen Sie in der gegebenen Konstruktion das unterstrichene Wort durch folgende Wörter: животные, люди, окружающая среда, болезнь.

В. Перевод

Переведите абзац текста со строки 3 (начиная с „Среди колхозников . . .") до строки 11 (кончая „. . . крылатый").

Г. Сочинение

Выберите одну из нижестоящих тем и изложите ваши мысли в письменной форме (120–150 слов).

1. Человек и природа
   Беззаботное отношение человека к природе может закончиться, также как и в рассказе „Пчёлы и люди", „расплатой" природы. . .
   Выскажите ваше мнение по этому поводу и обоснуйте его известными вам примерами.
2. Животные в нашей жизни
   У многих из вас есть животные. Как вы относитесь к ним? Как вы думаете, какую роль могут играть сегодня животные в жизни человека?
3. Дикие животные в зоопарке
   Как вы относитесь к тому, что многие животные, на радость людям, сидят всю жизнь в клетке?

7 „Радость только в победе"

Подлинной сенсацией на зимней Олимпиаде в Альбервиле стало успешное выступление во фристайле восемнадцатилетней москвички Елизаветы Кожевниковой. Фристайл – это альпийский спорт, в котором в России все еще нет прочной позиции, и серебрянная олимпийская медаль Елизаветы ценится высоко.

– *Лиза, ты давно занимаешься фристайлом?*
– Три года. Но на лыжи я впервые встала двенадцать лет назад. У меня в семье два горнолыжника, папа и брат. Спускаться с гор начала в три года. Финишировала я, правда, чаще всего в сугробе... А в шесть лет брат записал меня в горнолыжную секцию.
– *Вы жили в Крылатском?*
– Нет, мы тогда жили на Лосином острове.
– *А тренировки в Крылатском?*
– Да, я ездила туда три раза в неделю. Полтора часа на дорогу. Иногда вместе с братом, иногда сама ездила.
– *Что тебе больше всего нравилось в горных лыжах?*
– Скоростной спуск. Но когда я почувствовала, что больших результатов в горных лыжах мне не достичь, я перешла во фристайл. У меня жуткий характер – я должна быть только первой.
– *Первой во всем?*
– Да, но это мне не всегда удается, и я очень переживаю неудачи.
– *О чем ты думала на трассе могула в финале?*
– На старте, как всегда, пыталась сконцентрироваться, а приближаясь к финишу, чувствовала, что иду очень хорошо. Иду на медаль.

(*Я видел по телевизору финальный спуск Елизаветы Кожевниковой. Видел и спуск обладателя золотой медали американки Донны Уйанбрехт. Трудно сказать, кому бы я отдал предпочтение. И Донна, и Лиза показали очень высокий класс прохождения бугров, да и прыжки неплохие и скорость высокая... Судейство во фристайле – дело тонкое и весьма субъективное. Всего семь судей: пятеро выставляют оценки за технику и скорость прохождения трассы могула, а двое судей оценивают прыжки. Чистый критерий судейства, как в горных лыжах, где спортсмен, пройдя через все ворота и показав лучшее время, становится несомненным победителем, во фристайле невозможен.*)

– *Как долго думаешь выступать по большому счету?*
– Я уйду, когда почувствую, что не могу быть первой.
– *Тебе не обидно было выступать под олимпийским флагом?*
– Да, жаль, что у нашей команды не было своего национального флага. Но большого значения отсутствию флага я не придавала, ведь в спорте, в большом спорте, спортсмен всегда выступает за себя, а не за символы...
– *Лиза, ты – человек фристайла? Чтобы было понятней, что я имею в виду, сделаю некоторое пояснение. Фристайл, насколько мне известно, зародился и впервые оформился в Штатах. Но страсть к катанию в „свободном стиле", на мой взгляд, у человека появилась давным-давно, когда древний скандинав впервые встал на две доски и съехал на них с горы. Потом, три тысячелетия спустя, появился горнолыжный спорт. „Серьезные" горнолыжники поставили ворота и стали соревноваться, кто быстрее и безошибочнее их пройдет. Правила отрегулировали до мелочей. А для свободных людей любая зарегулированность неприемлема. Не могут они жить в рамках правил. Так вот, эти несерьезные горнолыжники придумали свой стиль катания, который и назвали свободным, то есть фристайлом. А сколько такого фристайла в твоем сегодняшнем фристайле?*
– По правде говоря, я фристайл и раньше, и сейчас воспринимаю как некое шоу. Но с каждым годом правила соревнований становятся точнее, скорость увеличивается, техника

прохождения могула усложняется, и для того, чтобы соревноваться и побеждать на самом высоком уровне, надо постоянно работать. А это уже не тот „фристайл"...
– *Так в чем же радость?*
55 – В победе. Только в победе.

(520 слов)

(Из: В. Лукьяев. Не всякая Лиза – бедная. Из журнала „Юность", 6–8/92, с. 140 и след.)

Пояснения к тексту

1 **подлинный** ср. настоящий – 4 **прочный** dauerhaft, fest – 8 **горнолыжник** alpiner Skiläufer – 10 **сугроб** Schneewehe – 12 **Крылатское** район в Москве – 18 **скоростной спуск** Abfahrtslauf – 19 **жуткий** ср. страшный – 23 **могул** Buckelpiste – 26 **обладатель** Besitzer – 27 **отдать предпочтение** (сов.) bevorzugen – 28 **бугор** Hügel, Anhöhe – 29 **судейство** hier: Bewertung – 29 **весьма** ziemlich – 34 **выступать по большому счёту** (несов.) Hochleistungssport treiben – 36 **обидно** kränkend, beleidigend – 38 **значение** Bedeutung – 38 **ведь** denn – 41 **пояснение** Erklärung, Erläuterung – 42 **страсть** Leidenschaft – 44 **спустя** nach, später – 46 **зарегулированность** Reglementierung – 46 **неприемлемый** unannehmbar, unzulässig – 50 **воспринимать** (несов.) auffassen – 53 **уровень** Niveau

А. Задания к тексту

Ответьте на следующие вопросы.

1. Почему успешное выступление Лизы на Олимпиаде в Альбервиле было сенсацией?
2. Что вы узнали о семье Лизы и о её характере?
3. Как Лиза пришла к фристайлу?
4. Почему судейство во фристайле – дело тонкое и субъективное?
5. Какую роль играют национальные символы для Лизы?
6. Почему сегодняшний фристайл отдалился от первоначального „свободного стиля"?

Б. Задания по лексике и грамматике

1. Zeile 9: в три года
   Ersetzen Sie in der gegebenen Konstruktion das unterstrichene Wort durch die folgenden (ausgeschriebenen) Zahlwörter: 5, 21. Schreiben Sie jeweils die gesamte Wortverbindung!
2. Zeile 9: чаще всего
   a) Bestimmen Sie die unterstrichene Wortform!
   b) Ersetzen Sie die unterstrichene Wortform jeweils durch die analoge Wortform von скоро, хорошо, плохо, легко.
3. Zeile 15: три раза в неделю
   Ersetzen Sie das unterstrichene Wort in der gegebenen Konstruktion durch folgende Wörter: день, год, месяц, минута, сутки.
4. Zeile 18: больших результатов не достичь
   Ersetzen Sie die unterstrichene Wortverbindung durch folgende Wortverbindungen: хороший результат, важная цель, скорая победа.
5. Zeile 27: трудно сказать
   Zeile 32: лучшее время
   Zeile 53: высокий уровень
   Nennen Sie die Antonyme zu den unterstrichenen Wörtern!
6. Zeile 32: спортсмен, показав лучшее время, становится...
   a) Bestimmen Sie die unterstrichene Wortform!
   b) Ersetzen Sie die gegebene Konstruktion durch eine synonyme syntaktische!
7. Zeile 37: у нашей команды не было национального флага
   a) Geben Sie obenstehende Aussage in Präsens wieder!
   b) Formen Sie die obenstehende verneinte Aussage in eine bejahende (im Präteritum) um!

В. Перевод

Переведите следующую информацию о том, что такое фристайл.

Слово „фристайл" в переводе означает „свободный стиль". Первоначально это действительно было свободное катание на горных лыжах.
5 Позже фристайл превратился в регламентированный вид спорта, соревнования по которому проводятся по определенным правилам.
Фристайл – это горнолыжное много-
10 борье, в которое входят три вида:
Воздушная акробатика – серия различных по сложности акробатических прыжков и сальто со специального трамплина.
Могул – спуск на лыжах по бугристой
15 трассе, усложненный выполнением двух прыжков.
Лыжный балет – спуск на лыжах с горы по пологому склону, во время которого спортсмен под музыку демонстрирует
20 скольжения, шаги, вращения и прыжки.

(88 слов)

(Из календаря „Спорт 91". Издательство Политиздат, Москва 1992, с. 15.)

5 **превратиться** (сов.) sich (um)(ver)wandeln – 9 **горнолыжный** alpin – 9 **многоборье** Mehrkampf – 13 **трамплин** Sprungschanze – 14 **могул** Buckelpiste – 14 **бугристый** hügelig – 18 **пологий склон** schräger Hang – 20 **скольжение** Gleiten – 20 **вращение** Pirouette

Г. Сочинение

Напишите сочинение (120–150 слов).
Ответьте в рамках выбранной темы на следующие вопросы.

1. Лиза и большой спорт
   – В спорте спортсмен всегда выступает за себя, – говорит Лиза. О чём свидетельствует такое мнение? Как вы относитесь к таким необычным видам спорта, как фристайл? Согласны ли вы с Лизой, что радость только в победе?
2. Выше, быстрее, дальше!
   Что вы думаете об этом лозунге? Достиг ли уже человек „достигаемого", или есть ещё резервы? В каких видах спорта, по-вашему, спортсмены уже достигли всего возможного и „невозможного"?
3. Спорт и я
   Какую роль играет спорт в вашем быту, в вашей жизни? Как вы относитесь к олимпийскому движению и чемпионатам мира и страны? Говорят, что есть „здоровые" и „нездоровые" виды спорта. А что вы думаете об этом?

8   О черном хлебе, о белом хлебе   (Открытое письмо читателю)

„Здравствуйте!"
Пишу вам из тех мест, куда лучше не попадать. Но я, к сожалению, попал, нахожусь тут уже три месяца и пробуду еще почти три года. Только не подумайте, что я прошу помощи. Нет, этого не прошу.
Осудили меня по закону, все правильно. Пишу я, чтобы поделиться некоторыми мыслями.
Уже попав в заключение, я стал думать и анализировать, почему я здесь оказался, и пришел к некоторым выводам. Честное слово, среди учащихся ПТУ я не был ни самым глупым, ни самым ленивым. Да и в школе учился неплохо, четверок и пятерок было больше, чем троек, любил читать в основном приключенческую литературу, но также классику и современную. Я не хвастаюсь, а пишу то, что было, потому что сейчас хвастаться и врать мне совершенно незачем.
В ПТУ пошел потому, что хотелось побыстрее зарабатывать собственные деньги. Жили мы довольно ограниченно, в семье я и брат, а работала одна мама, отца у нас нет. ПТУ я закончил благополучно, получил специальность. Посадили меня уже потом, когда работал на заводе. Посадили за драку, я сломал одному парню челюсть. Это была уже вторая такая драка, первую мне простили. Моя вина, что я избил того парня просто из-за моего плохого настроения, не видел в нем человека, такого же, как я.
Ну вот, теперь я подхожу к главному, из-за чего пишу это письмо и из-за чего, мне кажется, я и очутился там, где теперь нахожусь.
Все началось в ПТУ, именно там я стал во многом сомневаться, презрительно относиться к тому, что говорили преподаватели, а также к некоторым законам и порядкам. Кто из молодежи больше всего фарцует, перепродает вещи и занимается другими незаконными делами? Может, я не прав, но мне кажется, что среди таких ребят больше всего учащихся ПТУ. Я там тоже стал заниматься фарцовкой... Конечно, тут есть риск, но зато и выгода большая. И возникают вполне понятные сомнения в справедливости жизни вообще: зачем я буду вкалывать по восемь часов в день, если какой-нибудь фарцовщик, ничего не делая, будет жить гораздо лучше меня?
Но дело не только в фарцовщиках... Я хочу рассказать про тот день, когда случилась эта драка.
Мы с товарищем вечером поехали в центр гулять. Шли по улице и разговаривали. Так дошли до ресторана, где выстроили шикарный пивбар, посидеть там стоит приличных денег... К ресторану подкатили новенькие „Жигули", и вышел какой-то малый со своей девушкой. Он был почти наш ровесник, может, года на два старше. Он запер машину и пошел к пивбару. Его девушка была красивая и с большим вкусом одета, он тоже был в „фирме" с головы до ног. В бар стояла очередь, но он что-то сказал швейцару, и их тут же пропустили. Не знаю, может, настроение и так было так себе, а тут оно совсем испортилось. Мы с товарищем стали говорить, что нам такая жизнь не светит никогда...
А чем мы хуже его? Один все получает, как по щучьему велению, а другой должен зарабатывать на „черный хлеб". Эти размышления привели буквально через несколько минут к отвратительному избиению...
Мне кажется, в нашей жизни еще много несправедливого, и из-за этого многие ребята становятся на неверный путь. Вы, конечно, скажете, что законы надо уважать в любом случае, и я с этим полностью согласен. Но бороться с несправедливостью тоже надо. Иначе еще много молодежи может оказаться там, куда попал я.
Не знаю, ответите ли вы мне. Скорее всего, нет. Но если ответите, очень прошу, не пишите то, что я сам знаю. Хотя бы просто ответьте на мой вопрос: есть ли у нас несправедливость, а если есть, то как с ней надо бороться?

Олег Т.

(588 слов)

(Из: Л. Жуховицкий. Открытое письмо читателю. Издательство „Педагогика", Москва 1989, с. 105–108.)

Пояснения к тексту

5 **осуди́ть** (сов.) verurteilen – 5 **зако́н** Gesetz – 5 **подели́ться** (сов.) sich anvertrauen, mitteilen – 6 **мысль** Gedanke – 7 **заключе́ние** hier: (Gefängnis-)Haft – 8 **вы́вод** Schlußfolgerung – 11 **хва́статься** (несов.) prahlen – 12 **врать** (несов.) **незачем** es hat keinen Sinn zu lügen – 15 **благополу́чно** gut, wohlbehalten – 15 **посади́ть** (сов.) hier: einsperren – 16 **дра́ка** Schlägerei, Prügelei – 16 **слома́ть** (сов.) brechen – 16 **че́люсть** Kiefer, Kinnlade – 17 **вина́** Schuld – 20 **очути́ться** (сов.) (hin)geraten sein – 21 **сомнева́ться** (несов.) zweifeln – 21 **презри́тельно** verächtlich – 23 **фарцова́ть** (несов.) Schieberei, Schwarzhandel betreiben – 26 **вы́года** Gewinn, Ertrag – 26 **вполне́** vollkommen, völlig – 27 **вка́лывать** (несов.) hineinstoßen, -bohren, hier: schwer arbeiten – 28 **фарцо́вщик** Schieber – 28 **гара́здо** bedeutend – 32 **шика́рный** elegant, schick, ausgezeichnet – 32 **прили́чный** hier: ziemlich, ganz schön (viel) – 33 **подкати́ть** (сов.) heranrollen – 34 **рове́сник** Gleichaltriger, Altersgenosse – 34 **запере́ть** (сов.) (ab)schließen – 37 **швейца́р** Portier – 38 **испо́ртиться** (сов.) verderben – 40 **по щу́чьему веле́нию** wie hergezaubert – 42 **отврати́тельный** widerlich, ekelhaft – 42 **избие́ние** Verprügeln – 44 **неве́рный путь** schiefe Bahn

А. Задания и тексту

Ответьте на следующие вопросы.

1. Что вы узнали об Олеге?
2. Почему Олег занимался фарцовкой?
3. За что Олега осудили?
4. Из-за чего Олег избил неизвестного человека?
5. Почему Олег решил написать это письмо?
6. Как вы думаете, что в жизни Олег считает несправедливым и почему?

Б. Задания по лексике и грамматике

1. Zeile 3: прошу помощи
   Ersetzen Sie das unterstrichene Wort in der gegebenen Konstruktion durch folgende Wörter: совет, предложения, внимание, деньги.
2. Zeilen 31–33: Мы с товарищем ... приличных денег.
   Geben Sie die Aussagen im Präsens wieder!
3. Zeile 9: было больше
   Zeile 34: года на два старше
   Zeile 40: чем мы хуже
   Ersetzen Sie die unterstrichenen Wörter in den gegebenen Wortverbindungen durch die entsprechenden Antonyme!
4. Zeile 19: я подхожу к главному
   Geben Sie diese Aussage im Präteritum wieder!
5. Zeile 28: фарцовщик, ничего не делая, будет жить
   a) Bestimmen Sie die unterstrichene Wortform!
   b) Ersetzen Sie gegebene Wortverbindung durch eine synonyme syntaktische Konstruktion!
6. Zeile 49: бороться с несправедливостью
   Ersetzen Sie das unterstrichene Wort in der gegebenen Konstruktion durch folgende Wörter bzw. Wortverbindungen: болезнь, загрязнение окружающей среды, равнодушие, ошибки.

В. Перевод

Переведите отрывок из ответа опытного педагога Леонида Жуховицкого на письмо Олега:

Самое простое – ответить на твой первый вопрос: есть ли у нас несправедливость. Есть. Мало того – несправедливости этой гораздо больше, чем видится тебе.
Ты ведь пишешь только о той, которая ужалила тебя лично. А сколько иной, которая тебя пока и краем не коснулась...
5 Приведу лишь несколько примеров, которые первыми приходят на ум. Ты, допустим, на лицо симпатичен, а другой – не на что смотреть.
Справедливо?
Ты вырос сильным, а другой парень с детства хилый: ни сдачи дать, ни элементарно защититься не может. Справедливо?
10 А вот – еще.
Вы с приятелем идете в дискотеку, по дороге размышляя о бессовестности судьбы, а рядом в инвалидной коляске катит седой человек...
За что ему такое?
... Если бы вдруг в каком-то рекламном приложении появилось объявление: судьба принимает претензии к себе и готова в случае их обоснованности возместить причиненный ущерб
15 – желающих выставить счет оказалось бы великое множество.

(138 слов)

(Из: Л. Жуховицкий. Помоги своей судьбе. Издательство политической литературы, Москва 1987, с. 55 и след.)

Пояснения к тексту

3 **ужа́лить** (сов.) hier: wehtun – 3 **ли́чно** persönlich – 4 **косну́ться** (сов.) berühren, tangieren – 8 **хи́лый** schwach, kränklich – 8 **дать сда́чу** (сов.) hier: einen Schlag mit einem Schlag beantworten – 12 **инвали́дная коля́ска** Rollstuhl – 12 **седо́й** grau, ergraut – 15 **возмести́ть** (сов.) ersetzen, entschädigen – 15 **уще́рб** Schaden, Nachteil – 16 **вы́ставить счёт** (сов.) die Rechnung aufmachen

Г. Сочинение

Выберите одну из нижестоящих тем и изложите ваши мысли в письменной форме (120–150 слов).
1. Письмо Олега
   Какие мысли вызывает у вас письмо Олега?
   Как вы думаете, почему автор книги выбрал название „О чёрном хлебе, о белом хлебе"? Согласны ли вы с мнением Олега о фарцовке? Как вы думаете, почему некоторые молодые люди становятся на „неверный путь"? Как вы представляете себе дальнейшую жизнь Олега?
2. Письмо Олегу
   Напишите Олегу письмо и ответьте на его вопрос, есть ли в жизни несправедливость и надо ли с ней бороться? Аргументируйте свой ответ.

9 Давайте совершим путешествие по „Золотому кольцу"!

Предлагаем вам совершить небольшое путешествие по „Золотому кольцу". Побывать в знаменитых российских городах, мимолётно, будто с птичьего полёта, взглянуть на них. . .
Нас ожидает дальняя дорога по Ярославскому шоссе (старинному Архангельскому тракту) до Ярославля, на ней через равные промежутки времени встанут Сергиев Посад (бывший Загорск), Переславль-Залесский, Ростов, каждый из которых – своя загадка, свои многовековые тайны, своя красота. . .

Почти всюду по „Золотому кольцу" от города к городу 60–70 километров. Это не случайность. Города и крепости ставили в старину на расстоянии дневного перегона лошадей. Ямщик проезжал это расстояние в два приёма. Покормит лошадей через тридцать вёрст, и опять в путь – теперь до крепости.

До Загорска километров пятнадцать, не миновать нам знаменитого **Абрамцева**. Эта скромная усадьба смогла привлечь великих людей России и дважды стать центром культурной мысли огромной страны. Здесь сидел с удочкой Иван Тургенев, читал хозяевам Абрамцева своих „Мёртвых душ" Гоголь. . . Здесь создался знаменитый кружок художников, в который вошли И. Репин, В. Серов, В. Васнецов. . .

Сергиев Посад – многоярусный, разноцветный и разнокупольный город. Могучие главы Успенского собора спорят с синевой небес. А кругом башни, башенки, сложные силуэты церквей. . . Троицкий собор более пятисот лет был пристанищем знаменитой „Троицы" Андрея Рублёва и других живописных работ великого мастера. Во второй половине XVIII века была сооружена колокольня, которая долгое время была высочайшим зданием Подмосковья. Её высота – 87 метров, на 6 метров выше колокольни Ивана Великого в Москве.

Среди русских князей XII века энергией и дальновидностью выделялся Юрий Долгорукий. Он известен как активный строитель многих городов. При нём в 1152 году на берегу озера Плещеево был заложен город **Переславль-Залесский**. Как шлемы древнерусских богатырей высятся купола многочисленных храмов. На древнейшей площади города стоит памятник славному полководцу Александру Невскому. Переславль – родина народного героя. На берегу озера на верфи трудился

молодой царь Пётр, создавая здесь первую русскую флотилию. И сейчас можно осмотреть бот „Фортуна"
40 в музее „Ботик Петра I".

На берегу озера Неро расположен город **Ростов Великий**. Впервые он упоминается в 862 году как город, которому в числе таких центров Руси, как Киев, Смоленск, Новгород, в середине X века должна была пла-
45 тить дань Византия. Нынешний его образ в основном создан в конце XVII века. Ростовский кремль строился в течение тридцати лет. При сооружении невиданного до тех пор ансамбля лучшими архитекторами были учтены все достижения тогдашней архитектуры. Ми-

50 трополит Иона не скупился в средствах. Он был могущественным и богатым феодалом. Успенский собор, церкви Воскресения и Спаса на Сенях, ростовские колокола – подлинные жемчужины русского искусства.

Город **Ярославль**, основанный на берегу Волги в
55 1010 году, стал в XVII веке важнейшим торгово-ремесленным центром России. Количеством церквей и храмов он спорил с Москвой. Спасо-Преображенский собор с тремя шлемовидными главами – центр историко-архитектурного музея-заповедника. В конце XVIII века
60 в монастырской книгохранительнице была обнаружена рукопись „Слово о полку Игореве". Восьмисотлетие „Слова" было отмечено открытием музея в Ярославле.

Город **Суздаль** возник десять веков назад на реке
65 Каменке. Он развивался как торговый и религиозный центр. В городе пять монастырей и несколько десятков соборов и церквей. Центром старинного Суздаля является кремль с пятиглавым Рождественским собором. Одно из самых высоких зданий – колокольня, где и сегодня
70 отбивают время часы, установленные в XVII веке.

В начале XII века киевский князь Владимир Мономах основал на берегу реки Клязьмы город **Владимир**. На самом высоком месте города поднимается огромный Успенский собор. „Золотые ворота" – своеобразная
75 триумфальная арка – были не только оборонительным сооружением, но и парадным въездом в город со стороны Киевской дороги. Створы ворот были обиты позолоченными медными листами, отсюда и их название – „Золотые".
80 Совершив беглое знакомство с „Золотым кольцом", вы непременно захотите вернуться сюда еще много раз, чтобы вглядеться поближе, чтобы почувствовать ритм истории, чтобы лучше представить себе неразрывную связь времен.

(586 слов)

(Из: Ю. С. Мелентьев. О „Золотом кольце" и связи времен. Издательство „Книга", Москва 1990, с. 28–166.)

Пояснения к тексту

кольцо́ Ring – 2 **мимолётно** flüchtig, kurz – 4 **промежу́ток** Abstand – 8 **перего́н** Streckenabschnitt – 8 **ло́шадь** Pferd – 9 **ямщи́к** Kutscher – 9 **приём** hier: Ansatz – 11 **минова́ть** (beide Asp.) vorbeifahren – 12 **уса́дьба** Gut – 13 **привле́чь** (сов.) anziehen, anlocken – 16 **„Мёртвые ду́ши"** „Die toten Seelen" (Roman von N. W. Gogol) – 19 **многоя́русный** mehrstöckig – 19 **разноку́польный** mit verschiedenförmigen Kuppeln – 20 **могу́чий** mächtig, gewaltig – 20 **глава́** Kapitel – 20 **Успе́нский собо́р** Maria-Himmelfahrts-Kathedrale – 22 **Тро́ицкий собо́р** Dreifaltigkeitskathedrale – 23 **прistáнище** hier: Stätte, an der etwas aufbewahrt wird – 26 **колоко́льня** Glockenturm – 33 **шлем** Helm – 34 **вы́ситься** (несов.) sich erheben – 42 **упомина́ться** (несов.) erwähnt werden – 45 **дань** Tribut, Abgaben – 45 **ны́нешний** heutig, jetzig – 49 **митрополи́т** Metropolit – 50 **скупи́ться** (несов.) geizen – 50 **сре́дство** Mittel – 52 **це́рковь Воскресе́ния** Christi-Auferstehungs-Kirche – 52 **Спас на Сеня́х** Erlöserkirche – 53 **по́длинный** wahrhaft, echt – 53 **жемчу́жина** Perle – 57 **Спа́со-Преображе́нский собо́р** Christi-Verklärungs-Kathedrale – 68 **Рожде́ственский собо́р** Christi-Geburts-Kathedrale

A. Задания к тексту

Ответьте на следующие вопросы.

1. Чем можно объяснить тот факт, что между некоторыми городами „Золотого кольца" одинаковое расстояние?
2. Почему маленькая усадьба Абрамцево считалась в прошлом веке центром культурной жизни России?
3. О каких известных исторических личностях вы узнали из этого текста? Что вы знаете об их жизни и деятельности?
4. В чём состоит своеобразие древнерусской архитектуры?
5. Почему Пётр I выбрал Переславль-Залесский местом строительства первой русской флотилии?
6. Какой из этих городов вы хотели бы посетить и почему?

Б. Задания по лексике и грамматике

1. Zeile 5: многовековые тайны
   Zeile 19: разноцветный город
   Zeile 34: многочисленные храмы
   Zerlegen Sie die unterstrichenen Wörter in ihre Bestandteile, und nennen Sie die dem jeweiligen Kompositum zugrunde liegenden Wörter!
2. Zeile 22: более пятисот лет
   Ersetzen Sie in der gegebenen Wortverbindung die unterstrichene Wortform durch folgende Wörter: два, девяносто, десять, сорок, пятьдесят.
3. Zeile 26: высочайшее здание
   Zeile 35: древнейшая площадь
   Zeile 55: важнейший центр
   a) Bestimmen Sie die unterstrichenen Wortformen!
   b) Ersetzen Sie die unterstrichenen Wortformen jeweils durch eine synonyme syntaktische Konstruktion!
4. Zeile 46: в конце XVII века
   Zeile 55: в 1010 году
   Zeile 55: в XVII веке
   Schreiben Sie die unterstrichenen Zahlen als Zahlwörter!
5. Zeile 37: На берегу озера трудился Пётр, создавая здесь флотилию.
   a) Bestimmen Sie die unterstrichene Wortform!
   b) Ersetzen Sie die gegebene Konstruktion durch eine synonyme syntaktische!
6. Zeile 66: пять монастырей
   Ersetzen Sie in der gegebenen Wortverbindung das unterstrichene Wort durch folgende Wörter: город, кремль, церковь, место, башня, здание.
7. Zeile 80: Совершив знакомство ..., вы захотите вернуться ...
   a) Bestimmen Sie die unterstrichene Wortform!
   b) Ersetzen Sie die gegebene Konstruktion durch eine synonyme syntaktische!

В. Перевод

Переведите абзац текста со строки 29 (начиная с „Среди русских ...") до строки 40 (кончая „... Петра I").

Г. Сочинение

Выберите одну из нижестоящих тем и изложите ваши мысли в письменной форме (120–150 слов).

1. Русские города
   Что вы знаете об истории и архитектуре русских городов? Какую роль играл кремль в древние времена? Приведите несколько примеров и обоснуйте ваш выбор.
2. Путешествие по стране
   Выберите маршрут путешествия по вашей стране и аргументируйте ваш выбор мест, которые вы рекомендуете посетить иностранным гостям. Какие места вашего края вы порекомендовали бы посетить иностранным гостям, чтобы ознакомиться с его прошлым и настоящим? Аргументируйте ваш выбор.

10 „Месть"

Лев Саввич Турманов, обыватель, имеющий молодую жену и солидную плешь, как-то играл у приятеля в карты. После одного хорошего минуса он вдруг вспомнил, что давно не пил водки. Он прошел через гостиную в буфетную. Тут, на круглом столике, стояли бутылки, графины с водкой... Лев Саввич налил себе рюмку, выпил и сделал страдальческое лицо...

Тут за стенкой послышались голоса.

– Пожалуй, пожалуй... – говорил женский голос. – Только когда это будет?

„Моя жена, – узнал Лев Саввич. – С кем это она?"

– Когда хочешь, мой друг... – отвечал за стеной густой бас. – Сегодня не совсем удобно, завтра я занят...

„Это Дегтярев! – узнал Турманов в басе одного из своих приятелей. – Неужели и его уж подцепила?..."

– Да, завтра я занят, – продолжал бас. – Если хочешь, напиши мне завтра что-нибудь, буду рад и счастлив... Нужно придумать какой-нибудь фокус. Почтой посылать не совсем удобно. Если я тебе напишу, то твой индюк может перехватить письмо у почтальона; если ты мне напишешь, то моя половина получит без меня...

– Как же быть?

– Нужно фокус какой-нибудь придумать... Что, он в карты играет?

– Да. Вечно, дуралей, проигрывает!

– Значит, в любви ему везет! – засмеялся Дегтярев. – Вот, мамочка, какой фортель я придумал... Завтра, ровно в шесть часов вечера, я, возвращаясь из конторы, буду проходить через городской сад... Так вот ты, душа моя, постарайся непременно к шести часам, не позже, положить записочку в ту мраморную вазу, которая, знаешь, стоит налево от виноградной беседки...

– Знаю, знаю...

– Это выйдет и поэтично, и таинственно, и ново... Поняла?

Лев Саввич выпил еще одну рюмку и отправился к игровому столу. Открытие, которое он только что сделал, не поразило его, не удивило. Время, когда он возмущался, устраивал сцены, бранился и даже дрался, давно уже прошло... Но ему все-таки было неприятно.

„Какая же каналия этот Дегтярев! – думал он, записывая минусы. – В лицо другом называет, а за глаза я у него индюк..."

Возвратившись домой, Лев Саввич чувствовал себя злым и неудовлетворенным... Он думал, что хорошо бы теперь побить Дегтярева, подстрелить его на дуэли как воробья... или положить в мраморную вазу что-нибудь неприличное...

Долго Турманов ходил по спальной... Вдруг он остановился и хлопнул себя по лбу.

– Нашел, браво! – воскликнул он. – Это выйдет отлично!

Когда уснула его супруга, он сел за стол и после долгого раздумья, коверкая свой почерк и изобретая грамматические ошибки, написал следующее:

„Купцу Дулинову. Милостивый Государь! Если к шести часам вечера севодня 12-ого сентября в мраморную вазу, что находица в городском саду налево от виноградной беседки не будет положено вами двести рублей, то вы будете убиты и ваша галантерейная лавка взлетит в воздух."

– Шикарно! Лучшей мести сам сатана не придумает! Естественно, купчина струсит и сейчас же донесет полиции, а полиция засядет к шести часам в кусты – и цап-царап его, когда он за письмом полезет!... Браво!

Лев Саввич прилепил марку к письму и сам снес его в почтовый ящик.

Уснул он с блаженнейшей улыбкой и спал так сладко, как давно уже не спал.

Отправляясь на службу и потом сидя в канцелярии, он все время улыбался и воображал себе ужас Дегтярева, когда тот попадет в западню.

В шестом часу он не выдержал и побежал в городской сад... Дойдя до виноградной беседки, он сел под куст и принялся ждать. Ровно в шесть часов показался Дегтярев. „Вот сейчас узнаешь индюка...!" – злорадствовал Турманов.
Дегтярев подошел к вазе и лениво сунул в нее руку... Молодой человек вытащил из вазы небольшой пакет, оглядел его со всех сторон и пожал плечами, потом нерешительно распечатал, опять пожал плечами и изобразил на лице свое крайнее недоумение: в пакете были две радужные бумажки!
Долго осматривал Дегтярев эти бумажки. В конце концов, не переставая пожимать плечами, он сунул их в карман и произнес: „Merci".
Несчастный Лев Саввич слышал это „merci". Целый вечер потом стоял он против лавки Дулинова, грозился на вывеску кулаком и бормотал в негодовании:
– Трррус! Купчишка!... Заяц толстопузый!

(611 слов)

Антон Павлович Чехов

(Из: А. П. Чехов. Сочинения в четырёх томах. Том первый. Рассказы и повести. Издательство „Правда", Москва 1984, с. 287–291.)

Пояснения к тексту

месть Rache – 1 **обыватель** Spießbürger – 1 **плешь** verächtlich: Glatze – 2 **приятель** ср. друг – 4 **графин** Karaffe – 4 **рюмка** Schnapsglas – 4 **страдальческое лицо** Leidensmiene – 7 **пожалуй** vermutlich, vielleicht – 9 **густой** hier: tief – 11 **неужели** wirklich (verwundert) – 12 **подцепить** (сов.) hier: aufgabeln – 14 **придумать** (сов.) sich ausdenken – 14 **фокус** Trick – 15 **индюк** Truthahn – 15 **перехватить** (сов.) abfangen – 19 **дуралей** hier: Dummkopf – 20 **фортель** Streich, Trick – 22 **душа** Seele – 22 **непременно** unbedingt – 24 **беседка** Gartenlaube – 26 **это выйдет** hier: das klappt – 28 **поразить** (сов.) in Erstaunen versetzen – 28 **возмущаться** (несов.) sich empören – 29 **браниться** (несов.) sich streiten – 34 **подстрелить** (сов.) anschießen – 34 **воробей** Sperling – 36 **хлопнуть** (сов.) klopfen – 38 **коверкать** (несов.) hier: entstellen, verfälschen – 40 **Милостивый государь!** Gnädiger Herr (Anrede) – 42 **галантерейная лавка** Kurzwarenladen – 44 **сатана** Satan, Teufel – 44 **купчина** ср. купец – 44 **струсить** (сов.) feige sein – 45 **донести** (сов.) anzeigen, melden – 45 **куст** Busch, Strauch – 48 **блаженный** glückseelig – 49 **воображать** (несов.) hier: sich vorstellen – 50 **западня** Falle – 53 **злорадствовать** (несов.) Schadenfreude empfinden – 54 **сунуть** (сов.) unauffällig hineinstecken – 54 **вытащить** (сов.) herausziehen – 56 **недоумение** Verwunderung – 57 **радужная бумажка** wörtl.: regenbogenfarbiger Geldschein (= 100-Rubelschein) – 61 **грозиться** (несов.) drohen – 61 **кулак** Faust – 61 **негодование** Entrüstung – 62 **трус** Feigling – 62 **толстопузый** dickwanstig

А. Задания к тексту

Ответьте на следующие вопросы.

1. Каковы отношения супругов друг к другу?
2. Как отнёсся Лев Саввич к измене жены?
3. Что вы узнали о жизни и характере Турманова?
4. Что вы узнали о Дегтярёве?
5. В чём заключалась месть Льва Саввича?
6. Почему месть Турманову не удалась?

Б. Задания по лексике и грамматике

1. Zeile 1: Турманов, <u>имеющий</u> молодую жену...
   a) Bestimmen Sie die unterstrichene Wortform!
   b) Ersetzen Sie die gegebene Konstruktion durch eine synonyme syntaktische!
2. Zeile 3: <u>гостиная</u>
   Nennen Sie weitere Wörter derselben Wortfamilie!
3. Zeile 22: к <u>шести</u> часам
   Ersetzen Sie in der gegebenen Wortverbindung das unterstrichene Zahlwort durch folgende (ausgeschriebene) Zahlen: 1, 2, 10, 23!
4. Zeile 23: не <u>позже</u>

a) Bestimmen Sie die unterstrichene Wortform!
b) Ersetzen Sie das unterstrichene Wort durch die analoge Form folgender Wörter: рано, низко, высоко, плохо, хорошо!
5. Zeile 49: <u>сидя</u> в канцелярии, он улыбался
a) Bestimmen Sie die unterstrichene Wortform!
b) Ersetzen Sie die gegebene Wortform durch eine synonyme syntaktische Konstruktion!
6. Zeile 20: в любви ему <u>везёт</u>
a) Bestimmen Sie die unterstrichene Wortform!
b) Nennen Sie die Präteritumform desselben Verbes!
7. Zeile 54: Дегтярёв подошёл к вазе.
Geben Sie die Aussage im Präsens wieder!

В. Перевод

Переведите юмореску Чехова о том, что может выйти, если попробовать перевести все слова дословно, в прямом смысле.

Die russische Natur

Один немец, большой любитель всего прекрасного, раскрыл однажды какую-то русскую книгу и прочел следующее:
„Был вечер... Солнце заходило и обливало золотистым пурпуром землю. В воздухе стоял вечерний концерт... Пели птицы... В синеве неба *висел* неподвижно жаворонок и
5 щебетал свою звонкую песню. В траве трещали *кузнечики*, тянули свою однообразную песню *скрипачи*... На листьях, сверкавших росой, ползали *божьи коровки*... С цветка на цветок порхали чудные *бабочки*..."
Это поэтическое описание произвело сильное впечатление на любителя всего прекрасного... Глубоко вздохнув, он взял в руки немецко-русский словарь и занялся переводом...
10 Перевод вышел точный, буквальный, как все немецкое... Честный патриот, однако, не довольствовался одним переводом. Он еще раз вдохновился, взял в руки карандаш и создал... Создав, он выпил пива...
Его создание и предлагаем на рассмотрение поклонников хорошей живописи.

(123 слова)

(Из: А. П. Чехов. Полное собрание сочинений и писем в тридцати томах. Том третий. Издательство „Наука", Москва 1975, с. 466.)

Пояснения к тексту

3 **обливать** (несов.) übergießen – 4 **неподвижно** unbeweglich – 4 **жаворонок** Lerche – 5 **щебетать** (несов.) zwitschern – 5 **трещать** (несов.) knistern – 5 **кузнечик** Grashüpfer auch Dim. zu кузнец Schmied – 5 **тянуть** (несов.) ziehen – 6 **скрипач** Geiger, umgangsp. Grashüpfer – 6 **роса** Rauhreif – 6 **божья коровка** Marienkäfer, auch Dim. zu корова Kuh – 7 **порхать** (несов.) umherflattern – 7 **бабочка** Schmetterling, auch Dim. zu баба Weib – 9 **вздохнуть** (сов.) seufzen – 11 **довольствоваться** (несов.) sich begnügen – 13 **поклонник** Verehrer

Г. Сочинение

Выберите одно из нижестоящих заданий и изложите ваши мысли в письменной форме (120–150 слов).

1. Напишите, что вы знаете о жизни и творчестве А. П. Чехова.
2. Юмор – это сложная вещь. Одни над шуткой смеются, другие её не понимают. Напишите, как вы лично относитесь к юмору.
3. В вашей жизни бывали, наверное, смешные ситуации, когда вы или ваши знакомые совершали какой-либо нелепый поступок. Расскажите об одном из них.
4. Попробуйте пересказать другую юмореску. Если можете, придумайте свою.